Stephan von Spalden

Ewigkeit

Gedichte

© 2015 Stephan von Spalden
Umschlag, Illustration: Stephan von Spalden
Coverbild von Mildrid von Szczepanski-Spalden

Verlag: tredition GmbH, Hamburg

ISBN
Paperback   978-3-7323-5710-9
Hardcover   978-3-7323-5711-6
e-Book   978-3-7323-5712-3

Printed in Germany

Für Eleonore

Liebe Lyrikfreunde,

als ich dieses Bild meiner Schwiegergroßmutter mitten im Sommer 2015 sah, das nun zum Coverbild geworden ist, wusste ich, dass es Zeit für einen neuen Lyrikband ist. Die Natur schreibt ihre eigenen Geschichten (zu jeder Jahreszeit) und doch sind es am Ende unsere eigenen, wenn wir sie erzählen.

Egal ob gemalt oder geschrieben, die Liebe in der Wahrnehmung eines Menschen oder der Umwelt überhaupt ist Teil des Ganzen, Teil des Überlebens und letztendlich das Geheimnis, das uns hierher geführt hat.

Mit dreißig neuen Gedichten wünsche ich euch viel Spaß, viel Erholung oder Aufregung. Alles Teil des Ganzen!

Stephan von Spalden im Sommer 2015

Morgentau

Weites Feld zwischen zwei Waldzonen
Die Morgenglut noch nicht geboren
Ein Kiebitzmännchen schaut spontan zum Schnellzug
Ein bekanntes Geräusch in den kleinen Vogelohren

Die kleinen Füßchen tippen auf das taubenetzte Gras
Die Tropfen scheinen im Morgenrot zu zerfließen
Die meisten schlafen, manche schauen durch das Glas
Auf die Weite in ihrer Unendlichkeit

Doch auch die, die träumen, träumen wohl davon
In der Früh durch Gras und Nass zu gehen
Rückenschonend, die Reflexzonen belohnend
Sich mit der Erde zur Sonne hin zu drehen

Träum die Lieder, die du hörst
Hör die Lieder, die du träumst
Tanze dazu frei und wild
Sei gewiss, du lebst

Der Tropfen wie der Groschen fällt
Im Rausch der langen Nacht
Und früh, so früh wird noch erzählt
Die Hexen tanzen, der Kobold lacht

Einkehr in den Bahnhof
Ein kurzes Erwachen, freilich noch dusselig
Doch selbst auf dem Bahnsteig ist zu hören
Der Ruf aus weiter Ferne: Flieg!

Nah und Ferne

Im glühend heißen Sonnenschein
Der Mohn, fast zu rot
Erhellt am Wegesrand mein Beidirsein –
Ein zusätzliches Angebot

Freiheit, das bist du
Dein Wandern, deine Seele
Die mit mir ein Stückchen geht
Wenn ich die Liebe wähle

Der Pfad ist lang, ja gar ewig
So soll es sein
Und befreiend obendrein
In der Sonne und im Sternenschein

Jede Zeit hat seine Gaben
Jeder Abschnitt seine Tugend
Doch mit dir im Felde traben
Ist meine ewig' Jugend

Fortschritt und auch nicht

Die Liebe, die ist beides

Auch wenn das Herz nun einmal bricht

Es schlägt inmitten deines Leibes

So wie wir eins mit den Sternen

Und dem Mohn, der glüht

Nah und in den Fernen

Unsere Liebe ewig blüht

Friede

Auf zu neuen Taten!
Spricht jeden Morgen das Gewissen
Doch zuerst einmal heißt es warten
Am Bahnsteig

Kein Zug, der kommt; noch keine Durchsage
Doch ich entdecke in ganz kleiner Schrift
Was ich gar nicht zu sagen wage:
Verspätung! (Was mich sehr trifft)

Ich wandle durch den Bahnhof
Viele Menschen, doch kaum Gesichter (weil zu schnell)
Ein einziges Paar, das sich herzlich küsst
Im Lampenschein der Bahnhofslichter

1000-jährige Blume

Es war am Montagmorgen auf der alten Burg am Berge
Es lagen Fetzen, Batterien und Zeitungsreste
Ein bisschen Elektroschrott und eine Spange
Auf der Erde

Am Montagmorgen war's, ich glaub Ende Juni
Die Kirschen hingen an den Bäumen
Der Duft des Sommers, warm im Sonnenlicht
Und ich begann zu träumen

1000 Jahre und etwas mehr, da ritt ich kühn und tapfer
Wohl durch die grüne Weide
Stieg vom Ross und stapfte
Hier entlang; das Herz klopfte und mir war bange

Wird das Herz sie mir öffnen? Erinnert sie sich an mich?
Kein Geschenk und keine Gabe
In den Händen eines jungen Mannes
Und die Erinnerung, ist sie verblasst durch all die
Jahre?

Das Pferd wieherte und ich drehte mich um
Die grüne Wälderfront, wo das schmale Weglein
begann
Das führte mich seit Jahren und nun um die Burg herum
Schien leer, bis ein gelbes Blümchen meine
Aufmerksamkeit gewann

Friedlich, still das kleine Blümchen, beseelt am
Wegesrand
Zeugte kraftvoll von ewiger Wiederkehr
Und bevor der Pflückvorgang begann
Eine wundervolle Stimme – stolz und neugierig –
erklang

Gleichzeitig

Heller Mond in Schilf und Strauch
Kein Pieps, kein noch so leises Rauschen
Es wäre langweilig, wäre da nicht
Ein Plätzchen um zu lauschen

Dieses Plätzchen (nicht gebacken, sondern)
Frei in sanfter Wildnis
Zeigt so wunderschön als großen Spiegel
Den See vom Fluss gestaut

Von fern beginnen nun zu zirpen
(Als hätten sie's gewusst)
Eine Schar verrückter, typischer Grillen
Sie machen es bewusst

Und spielen wohl den Mond der Noten
Der nicht erstrahlt auf diesem See
Sondern durch ebendiese, Vögel, Mäuse und Kröten
Flüstert durch den Klee

Ich sitze nun und lausche

Nur ist nun bedeckt der Mond

Doch während ich ihr Wissen tausche

Wird mir klar: Ich erlebte alles!

Zuerst belichtet, dann vertont

Mitten ins Herz

Die Tropfen prasseln
Ab
Vom Fenster
Im Spätnachmittagslicht

Du spiegelst deine Seele
Wie sich der Sonnenschein im See
Ein warmes Leuchten mitten ins Herz
Es gibt nichts, nichts, was ich nicht versteh

Die Tropfen perlen ab
Wie dein Atem im Raum
Und kommen stets von Neuem
Ebbe, Flut ist Meeresschaum

Reload

In Laub gebettet, himmelbedeckt
Frei, so frei, eins mit dem darunter
So einfach daliegen in der Wiese
Nichts macht so müde und so munter

Gleich daneben rauscht eine Weide
Die genießt das wohl den ganzen Tag
Flüstert leis im Rauschen
Dass auch sie das Plätzchen mag

Die Vögel ziehen vorüber
Ohne Schall und Rauch
Ein paar andere, die zwitschern
Sehen das wohl auch

Ein kurzer Augenschluss, ein Bündel lädt sich auf
Wie schön, dass es sie gibt
Ein wunderschönes Seelenspiel durch
Eine Erde, die uns liebt

Heaven

Late the evening
Low the sun
Crickets sing
1 for all & all for 1

Slowly a bunny
Crosses the field
Looks at its watch
Facing the yield:

Tubers in a row
20 in a number
And in the sun's last glow
It thanks for the wonder

7 minutes later
The sun goes down
It feels the Heaven
The King and the crown

Suddenly a shot
Bursts the young night
Just a cricket's hop
Heaven's bright

1 moment
Watch has melted
And crickets still sing
In this young, young night

cricket = Grille
yield = Ernte, Gewinn
tuber = Knolle

Gabrielle

Es ist in dunkler Nacht

Im dunklen Föhrenwald

Da hat sie es vollbracht

Ja, und der Eulenruf erschallt

Die Magie der Geister, grün und schwarz und weiß

Wie ein Tempel aus dem All

Das Blätterwerk, das raschelt leis'

Auf dem ihr Körper ruhend wacht

Kniend auf dem Laub

Ein Büchlein auf dem Schoß

Entdeckt sie Zug um Zug

Was währt in Klein und Groß

Ewig, was Segen bringt

In allen Zeiten und in Nöten

Hat lang gekämpft und hat gerungen

Allein die Liebe war vonnöten

Davids Tempel hier im Wald

Ein schwarzer Trieb, ein weißer Trieb

Der Eulenruf zur Morgenstund verhallt

Flieg, Gabrielle, flieg!

Momentreise

Mutter Erde stets zu Hause
Seelen wandeln hier herum
Ein Geist verdichtet liebt den nächsten
Dem Herzen ein Gewinn

Ebenen und Sphären, beschrieben oder auch nicht
Eine Blume blüht so unvorstellbar leise
Perfekt und doch so schlicht
Eine Sonnenstation der Reise

Die geht vom Nichts ins Nirgendwo
Eine Spirale im ewig Jetzt
Zurecht: Ich liebe dich so!
Ein Leben, das dich für immer schätzt!

Die Amsel

Ich steh am Bahnsteig und denke mir
Schön ist es hier
Beton und Asphalt
Scherben und Bier

Ausgeschüttet und leicht verkrustet
Gebraut vermutlich mit Liebe
Mit Sehnsucht nach Erfüllung
Abgefüllt

Es stinkt
Etwas nach erbrochenem Bier
Ich geh auf und ab bis der Wind
Die Bäume zu schütteln beginnt

Eine Amsel steigt aus grünem Buschwerk
Im goldenen Morgenschein
Friedlich und still
In des Tages Sein

Während sanft die Blätter rauschen

Gleich einem lieblichen Chor

Beginnt das Leben in mich einzutauchen

In meine Seele, in mein Ohr

Der Reiher und der Bär

Im Wald ein Bär
Ein Reiher fliegt über das Feld
Der Bär nicht
Ein Nickerchen er wählt

Am Feld ein Reiher
Der Bär erwacht nun wieder
Der Reiher nicht
Er putzt sich das Gefieder

Später am Tag
Die beiden treffen sich
Der eine zu dem ander'n sagt:
Gut' Nacht, mein Lieber!

Düne für Dich

Der Wind, böig, weit
Schlägt das Dünengras meist nach Ost und mal nach
West
Eine junge Möwe schreit
Weil eine andere ihr Futter frisst

Ich zieh mir den Anorak an
Es nieselt leicht
Das Haus ist kalt, geh näher ans Feuer heran
Bis die Wärme des Ofens bis an meine Beine reicht

Stapfe auf die Düne und vor mir liegt
Der ewig lange Strand
Der auf mich wirkt
Wie ein einzig meerbeklatschtes weißes Band

Der Anorak hält die kleinsten Lüftchen ab
Zwischen den Hügeln die Gehwege wie Busen
Durch Schönheit die Einsamkeit fällt ab
Erspüre tausend Musen

Die Möwe (oder eine andere)

Kreischt noch immer überzeugt

Desto mehr ich hier wandere

Umso mehr wird der Raum gebeugt

Du kommst nahe, nahe zu mir

Stehst vor mir mit deinen grünen Augen

Wusste, ich finde dich hier

Kann in deine Seele eintauchen

Kraniche im Herbst

Endlos kriecht der weiße Schleier
Aus Nebel übers Kranichfeld
Ein paar Käuze rufen aus den Wäldern
Der Morgen ist bestellt

Noch blubbert fein der kleine Tümpel (am Rand)
Wo die Frösche in Umnachtung liegen
Die Sonnenstrahlen erleuchten der Lichtung Rand
Zwei, drei Kraniche beginnen zu fliegen

Schauen sich um: Wie ist die Lage? Wo ist der ferne
Kontinent?
Golden gestreifte Federn orientieren sich im Dunkelblau
Dessen Osten sich zum Tage brennt
Von den Blättern perlt der Morgentau

Die Wenigen in den Lüften rufen laut
Während sich die Schwaden lichten
Strecken da unten die meisten Kopf und Bein
Beginnen sich aufzurichten

Das Rot wird zum blass-gelben Sonnentag

Wie durch Zauberhand erhebt sich die Schar Stück für
Stück

Gen Himmel, Kursrichtung Süd

In ihr warmes Winterglück

Abendstern

Abendstern, oh Abendstern
Leuchtest frei in deinem Kosmos
Ja, hab ich dich so gern
An dich werd ich alle Sorgen los

Die Herbstzeitlosen blühen, ringsherum die Abendluft
Ich seh Scharen wilder Raben
Schwarz wie eine Gruft
Doch das Leben ist darin vergraben

Ein paar letzte Mücken schwirren im roten Schein
Ein Reiher fliegt, das Bächlein rauscht (leise)
Fließt in meinen Körper, Leichtigkeit gewinnt an
Gewicht
Und nimmt mich auf eine Reise
Der Sternenlichter Art und Weise

Mein Glück

Mein Glück bist du
Mein Glück tanzt herum
Wie ein Sturm auf wilder See
Mann, ich kann Kung Fu

Mann, ich kann tanzen
Ich kann springen
Ich kann singen
Ich liebe

Stille Hoffnung #Flüchtlinge #Mittelmeer

Glitzernd-funkelnd schwere See
Gibst nur dann und wann
Das volle Bötchen
Frei

Große Augen angsterfüllt
Im Abendrot die Pupillen weit
Die Hand im Wasser kühl umspült
Endlich, endlich vom alten Grauen befreit

Kein Riss im Boot, der Magen knurrt
Es wird dunkel, ruhig, still
Doch plötzlich ein Dieselmotor knurrt
Europa naht; ob es mich will?

Fairtrade

Wache selig Mond
Im Fürstentum der Nacht
Auf dem See wirst du geklont
Du helle, gelbe Pracht!

Streck aus zum Spiegelbild
Deine Hand in freier Zeit
Dein Herz ist dir gewillt
Deine Seele längst bereit

Sieh dich an! Jetzt!
Du hast es
Geschafft. Unverletzt
Du bist Es. Jetzt

Die Nebelschwaden zeigen dir
Ein Ufer, das du nicht kennst
Und doch auch in der Ferne weiß man
Dass nur dann du brennst

Wenn du reichst das faire Band

An die Völker, seine Wesen

Denn ist es auch die Hand

An der du wirst genesen

Du springst in den See

Das bleiche Trüb verschwimmt

Die Wahrheit erkennt die Menschen

Die Zeiten und den Wind

Abendruh

Zur Abendruh sitzt wohlbedacht
Ein Käuzchen im Geäst
Ganz stille bis zur Nacht
Bis sie es verlässt

Schwebt dann über Baum und Zaun
Über Fernseher und Antenne
Kann mit Leichtigkeit erschauen
Wer ist Hahn und wer ist Henne

Freiheit ewig ist
Die Liebe zu dem da, der da, die da
Der Fluss der Wahrheit fließt
Durch sie das ganze Jahr

Umgedreht ist vorne
Wie die Zukunft ist geschrieben
Ist an jenem Orte
Zurück in dir geblieben

Raff dich auf und siehe
Die Blumen blühen dort
Kein Stöhnen, keine Mühe
Nicht mal ein einzig Wort

Du hast es geschafft
Die Giraffe, die trabt weiter
Dein Glück ist nun erwacht
Freut sich munter, heiter

Der Duft des Lebens

Der Wald steht einsam, weise
Am abgeholzten Ende zur Autobahn
Ich fahre entlang der grünen Allee
Ein Reh steht auf der Lichtung und futtert zahm

Im Radio die schon ewig lahme Leier
Wer gut ist und wer böse wird stets erklärt
Die Einseitigkeit geht mir auf die Hartschalen
Selig der, der mit Leichtigkeit entbehrt

Am Flussufer baut ein Biber, fröhlich, zahm
Immer weiter, mühsam und doch kontemplativ
Bis am Morgen eines Tages dann
Der Gemeindebagger kommt und gräbt tief

Doch er kommt wieder, immer wieder in sein Gewässer
Denn das Leben entsteht im Grünen, dort wo die Lüfte
rein
Unglaublich ehrlich das frische Wasser plätschert
Wie Chopin in die Seele ein

Meine Erkenntnis ist: Die Wahrheit liegt in der Musik

Der Herzschlag eines Menschen, wie ein Zwinkern aus

der Ewigkeit

Wo für immer wird geboren

Unser Selbst, das lacht und stets bereit

Für den Traum, den wir Leben nennen, sagen in den

Wind

Was uns liebt und uns stößt, Engelslächeln oder

Kopfschütteln

Wie immer die Liebe uns belebt, das Leben beginnt

Und du kannst davon erzählen

Du bist die Quelle aller Weisheit

Spüre die Nachrichten, die in dir sind

Die Gefühle dienen dir als Geleit

Der Duft der Blumen in des Lebens Wind

Der Kolibri beim Essen im Schwirrflug

Heftig flatternd und doch elegant
In Bewegung, dass er steht
Zu zeigen – als kleinster Vogel überhaupt –
Wie gemütlich Essen geht

Du Blatt!

Wächst heraus aus dem Ende eines dünnen Stängels
Entfaltest dich, eine Hand aus Chlorophyll
Die gleicht den Flügeln eines Engels
Bist ein Kraftwerk und doch still

Förderst deinen Lebenssaft in die Peripherie
Durch ein Netzwerk aus Adern Liter um Liter
Und wird es dir zu kalt
Fällst du ab und wächst dann wieder:

Schaukelst – als wiege dich der Himmel – langsam zu
Boden
Wo du als Schiffchen der Botanik zu guter Letzt
Stehst auf dem Speiseplan tausend kleiner Wesen
Der mikrobielle Magen dich in ebenso viele Teile
zersetzt

Doch eines schönen Tages dann, wenn der Regen fällt
– Wasser trifft Staub – wirst du gelöst in H_2O
Über Wurzelwerk wie magisch hochgezogen
In einen Kanal, der jedes Jahr einen neuen Ring zählt

Des Lebensfunken Bauplan, auch genannt die DNA
Erkennt dich und deine Teile, der Treibstoff ist solar
Sprießt wieder, begierig auf CO_2 für ein neues Jahr
Und ich erzähl von dir – dank O_2 – so farbenfroh und
wunderbar

Liebestreffen

Gefunden in der stillen Zeit der Liebe
Die Seelen kreuz, die Seelen quer
Wär es das einzige, was von dir mir bliebe
Ich käme immer wieder her

Hast du Feuer?

Hast du Feuer?
Sprach der alte Weise
Es ist nicht teuer
Nimm die Reise

Vertrau dir, sieh zu
Dass du findest die Mitte
Die absolute Ruh
Unabhängig von Brauch und Sitte

Die Mitte ist das was du fühlst
In größter Freud und größter Not
Wenn der Funke in dir sprüht
Nenn es Liebe, nenn es Gott

Kehr ganz in dich!
Das Leben ist still
Leise rauschen die Blätter
Die Farne sind grün

Und der Bach, der plätschert
So vor sich hin
Leise flüsternd die Melodie:
Beginn, beginn!

Liebeszeiten

Zeiten gibt es viele: Arbeits- und Freizeit,
Mitternachtszeit …
So wird landläufig gemeint
Lauf ich jedoch durch das Land
Seh ich alle stets vereint:

In jedem Erlebnis, jedem Wagnis
Ob richtig oder falsch ich liege
Bin ich mir des Sinns gewiss
Erkenn ich dich wieder, meine Liebe

Wo die Vögel fliegen
Wo der Wurm sich durchgräbt
Kann nicht genug von dir kriegen
Ganz eindeutig, es belebt

Wohin du mich mit Worten führst
Wenn du im Frühlingslicht
So sanft ein Büschel Moos berührst
Dass es dem Lebenszweck entspricht

Schatz, das ist kein Wort und auch kein Name

Ist das Moos und auch der Wurm

Berührt durch deine Gabe

Zu erkennen jede Form

Für immer

Gemeißelt oder graviert

Wissen tu ich es nicht

Hast mein Herz für immer imprägniert

Tagein tagaus es zu mir spricht

Ich höre keine Stimmen

Ich sehe keine Bilder

Wie könnte das auch sein

Du bist das Gefäß und nicht der Wein

The Blues In My Soul

Ist es ein langer Weg oder ein kurzer
Der zu gehen ist an Weg
Bis das Leben wieder haucht ein
Führt mich zum Feeling wie zum Wasser der Steg

Wir wandern zusammen, auf jeden Fall
Aus den Kneipen klingt der Blues
Mit schönen Programmen
Wir gehen zu Fuß

Die Beleuchtung ist dunkel, dunkel genug
Wir schlüpfen in die Bar
Vor uns eine Art Bühne, die Gitarren
Und das Keyboard und der Bass

Und das Saxophon und natürlich das Schlagzeug
Sie klingen, endlich klingen sie wieder
Hallen in mir wider wie geschrieben
Mundharmonika wie weiß-lila Flieder

Im Wind findet

Das Segel seine Luft, als sei das Schiff gebaut

Nur damit sich sanft und lau

Die Wolken bewegen

Sich vorwärts, jeder Takt, jeder Ton

Wird übersetzt in das Innere

Ist gemeinsame Vibration

Füllt die nicht bemerkte Leere

Ja, die Musik gibt dem Dasein seinen Sinn

Stopft mich damit voll

Bis er wieder zu spüren ist

The Blues In My Soul

Metro

Eine Taube segelt leise
Das Bächlein gurgelt weiter
Eine ewig schöne Reise
Der Tag ist leicht wolkig bis heiter

Setz dich auf den Strom
Ein Seemannsboot mit dir
Rechts die Eichen, links die Buchen
Es bleibt schön, so schön hier

Die Fragen, die keiner stellt
(Außer du)
Beantwortet ringsherum das Leben
In seiner selig' Ruh

Es glitzern die sanften Wellen
Im goldenen Morgenschein
Kannst du dich zu mir gesellen
Noch einmal bei mir sein?

Nicht? Im Einssein gibt es keine zwei?

Setz mich in die U-Bahn

Fahre weit, weiter als gedacht

Und steige ganz spontan

Richtig aus

Und drehe mich um

Denn das Bächlein plätschert (ein Scherz?)

»Zug fährt ab« – mitten in dein Herz

Wilde Rose

Wer singt von seiner treuen Gefährtin
Am stillen Uferrand?
Jederzeit gibst du mir Sinn
Deine ewig' Hand

Mein Herz springt auf und ab
Entlang des langen Pfades
Du bist der Tautropfen auf meinem Grab
Und die Schönheit jenseits des Hades

Schlängelst dich aus meinem Herzen
Wie die Rosen am Wegesrand
Spür die Glut wie tausend Kerzen
Und doch ein einzig festes Seelenband

Ausblick

Sieh fern
Schau weit
Wohin führt es?
Nichts als Zahlen

Bits and Bytes
Zwei Zahlen, alles Yin und Yang
Ein Bild entsteht in dir
Ein Boomerang deiner Tasten

Am Klavier der Ewigkeit
Ein Glück, dass du es spielst
Du spielst es
Du bist bereit

Zeitfracht Medien GmbH
Ferdinand-Jühlke-Straße 7
99095 Erfurt, Deutschland
produktsicherheit@kolibri360.de